Lo difícil de una decisión es decidirse

(y las consecuencias que ello conlleva)

Lo difícil de una decisión es decidirse

(y las consecuencias que ello conlleva)

Luis Coló

Para realizar pedidos de este libro, contacte con:
Palibrio LLC
1663 Liberty Drive
Suite 200
Bloomington, IN 47403
Gratis desde EE. UU. al 877.407.5847
Gratis desde México al 01.800.288.2243
Gratis desde España al 900.866.949
Desde otro país al +1.812.671.9757
Fax: 01.812.355.1576
ventas@palibrio.com
484776

ÍNDICE

PARTE 1
MI EXPERIENCIA EN MÉXICO D.F.

2ª PARTE
MI EXPERIENCIA EN LEÓN, GTO

Agradecimientos: a todos mis clientes que durante 40 años han sido partícipes en la forma de ganarme la vida, mantener a mi familia y hacer grandes amigos.

A Dios, por darme la oportunidad de ser vendedor profesional.

A mis 6 turbinas que han aguantado tempestades y días de sol, ayudando al avión a salir adelante y llegar con bien al aeropuerto de destino (Linda y mis 5 hijos).

A mis padres por darme la vida y su apoyo (esperando y deseando desde lo mas íntimo de mi corazón que mis padres estén mejor en dónde se hallen ahora).

A mis hermanos porque siempre han sido mi apoyo.

En especial a una persona que me impulsó para comenzar a escribir este libro (gracias Liliana).

Y por último, a una personita que ha venido a cambiar nuestras vidas con su llegada (gracias Joselyn).

Esperando que ayude a quienes lo lean, en la azarosa vida del vendedor profesional y en la lucha diaria.

Dedicatoria: para Linda, Luis Arturo, Pablo Martín, Raúl Eduardo, Luis Enrique y José Rogelio (y mis 4 hijas) con todo mi amor y mi agradecimiento.

PARTE 1
Mi experiencia en México D.F.

Capítulo No. I

Inicio por casualidad

¿Que hay después de 40 años de trabajar y ser vendedor profesional?

Bueno, espero que ustedes puedan sacar cada uno conclusiones y les ayuden a mejorar en su vida y en su trabajo, y con esto, creo que valdrá la pena la adquisición del libro y mi experiencia en el campo de las ventas.

Nazco el domingo 2 de noviembre de 1952 faltando 5 minutos para las 8 de la noche en la Ciudad de México, D. F.

Soy hijo del matrimonio formado por Luis y Ma. Cristina empleados del I.M.S.S.

Mis primeros años los vivo en compañía de mis padres y por enfermedad de mi madre, me llevan a la casa de mis abuelos maternos, lugar en el cual me eduqué al estilo de mi madre; aquí pase unos años en compañía de mis tíos y tías, siendo mi infancia llena de mimos y cuidados.

Después, me regresaron a la casa paterna sufriendo un cambio muy drástico, esto causó en mí, un fuerte golpe emocional, ya que todos los mimos y consentimientos se transformaron en una vida normal como hijo de familia.

Asisto al kinder y a la primaria en la colonia Santa Ma. La Ribera; a los casi 8 años de edad, sufrí un cambio muy duro, ya que llegó mi hermano Alfredo, con esta noticia la vida para mí fué muy distinta ya que me sentí desplazado y todo lo que era normal se convirtió en darle todo a mi hermano, cosa que causó en mi interior, una rebeldía hacia él y un efecto de rechazo por mi parte.

Pero todo lo que consideraba malo en ese momento, se tornó en algo diferente, mi hermano creció y las cosas tomaron su curso, yo maduré, y nos entendimos mejor.

Viene a mi mente, el recuerdo de un padre que daba pláticas en la radio los domingos por la mañana, me causaba mucha molestia escucharlo ya que era obligatorio, pero, al paso de los años, va uno entendiendo las cosas y el porque suceden, logrando asimilar las enseñanzas y aplicándolas a la vida cotidiana, esto viene a colación, debido a que al finalizar sus comentarios, siempre terminaba con la siguiente frase: **vale la pena vivir**, y después de muchos años de vida, repito la frase que tan gorda me caía (no cabe duda que lo más aborrecido, es lo que más hacemos, ¡válgame el señor!)

Recuerdo que me tocaba el encargo de ir por Alfredo a la escuela, como asistía al turno vespertino, me transportaba en bicicleta, y ya se imaginarán las bañadas de perro bailarín que nos dábamos durante las lluvias, pero bueno, fueron bellos momentos al fin.

Al concluir la primaria, ingreso al I.P.N., en el cual curso la prevocacional, teniendo mi vida otro giro, debido a que estaba acostumbrado a asistir a una escuela solamente de hombres durante 6 años, y al iniciar la siguiente etapa, me encontraría con una escuela mixta, situación que en un principio fue rara para mí, pero de alguna manera logré superarla.

Esta época transcurrió llena de cambios, con la llegada de mi segundo hermano llamado Carlos, cosa que a todos nos modificó la existencia, ya que por ser prematuro de peso, lo detuvieron todo el mes de diciembre en la incubadora, ocasionando una incertidumbre a lo desconocido y un temor continuo a pensar en el peor de los desenlaces, pero, siempre hay alguien superior que nos da lo que necesitamos, aunque generalmente, no le entendemos en el momento apropiado, y el día último del año nos lo devolvieron en completo estado de salud, ¡imagínense, esperar todo un mes, y era el último de ese año de 1966, cundo nos dieron la buena noticia, fue como la gloria en pequeño!

Aquí hubo otro cambio en mi vida, esto se dio al cambiarnos de casa, y con ello, cambiar el estilo de vida, los amigos, las costumbres, y todo lo demás.

Claro esta que todo tiene un precio, y esto significó para mí más deberes, ya que mi padre tomaba clases de piano por las tardes y mi madre siempre trabajó en horario vespertino, por lo consiguiente, me tocaba el cuidado de mis hermanos.

El entorno escolar se convirtió en un problema debido a los conflictos que se dieron entre el gobierno y la masa estudiantil y la masa trabajadora, fue una época sumamente difícil, y de verdad, con ganas de no recordarla nunca. Por ese tiempo, tuve la desdicha de sentir un dolor muy grande, ya que perdí a mi abuelo materno que para mí era mi apá, cosa que me volvió a cambiar la vida, debido a que estábamos muy unidos y en un derepente, ¡chin, pun, cuas! lo perdimos.

Siguieron los cambios, llegó el momento de ingresar a la vocacional, cosa que en un principio me desorientó, aunque provenía de la prevocacional, era algo muy diferente, las obligaciones eran cada vez mayores y por ello, las cosas se modificaban día a día; dentro de las modificaciones, empecé a trabajar, siendo mi primer empleo, en el rastro de ferrería, esto se debió a que uno de mis tíos trabajaba como contador allí y otro de sus hermanos, el mas chico y yo, necesitábamos trabajar para costear los estudios, esta situación trajo otro cambio que entendería muchos años después con mi llegada a la ciudad de León, con lo cual entraría a la industria del cuero y el calzado.

Transcurrieron 3 años para terminar la vocacional, cuando esto sucedió, ingresé a la profesional en la E.S.I.M.E., otro cambio llegó a mi vida, el pisar una escuela profesional, fue algo superior a mí, y por ello, solamente estudié 2 años; aquí asistí a un curso de computación y en ese momento, me doy cuenta que mi verdadera vocación es la mecánica practica y estudio 2 años en la E.M.E., para esas fechas trabajaba como viscerero en el mercado de jamaica por las mañanas y estudiaba por las tardes.

Esta decisión de dejar la profesional, no la tomé de modo propio y solo, no señoras y señores, la llevé a cabo, después de consultarlo con la mayoría de mis maestros, y principalmente, con el profesor de orientación vocacional.

Como se pueden imaginar, esto levantó un revuelo en la casa materna que trajo como consecuencias, el resentimiento de mis padres en primer lugar, y el aprender a tomar decisiones, ¡cosa que a pesar de haber pasado muchos años, como verán en el presente libro, no es fácil!

Pero, bueno, las enseñanzas se van dando a cada momento, y son imparables mientras tenemos vida; recuerdo que mi papá me regaló mi primer auto, ¡cosa más grande caballero!, solamente tuvo algo malo, que por desesperado, no supe reprimir mi voracidad, y ¿qué creen que me pasó? Una amarga experiencia, el que nos habían ofrecido, no se decidían a venderlo y entonces, otra persona se presentó con el que fue mi primer dolor de cabeza, lo llamo así porque eso fue para mí desde su compra hasta su venta. Lo único bueno de todo esto, y lo digo con agradecimiento, fueron las clases tan permanentes de mecánica que recibí con él.

El haber estudiado en la escuela de mecánica práctica, obró un cambio en mi personalidad, ya que disfrutaba todo lo que hacía y por ello me sentía muy bien. Pero la vida no está quieta y un día me ofrecieron un empleo en una empresa que vendía materiales para la construcción, este proyecto me lo comunicó un vecino de uno de mis tíos, y al asistir a la entrevista ¡oh sorpresa! tras un tiempo de preguntas múltiples, me dijeron que después se comunicarían conmigo, cosa que en el D. F. es sinónimo de ¡adiós, no me interesas!, aquí sentí por primera vez, cargar el cielo, las estrellas, los planetas y todo lo demás.

En ese momento, el vendedor que me recomendó, al que le debo mi llegada a las ventas, me vio tan desconsolado, que me llevó a su escritorio y abriendo uno de sus cajones, me regaló un libro que cambiaría mi vida, se llama **Cómo triunfé en ventas** escrito por Frank Bettger. Cuando el libro llegó a mis manos, quería tirarlo, no deseaba leerlo, me sentía frustrado, decepcionado por no conseguir el trabajo, lo mas curioso de la situación, era que me habían tocado el ego, la soberbia y todo lo negativo que habitaba en mi interior; con educación pero sin ganas, recibí el regalo y me dijo lo siguiente: **espero que este libro sea de mucha ayuda en tu vida futura.** (¡Les aseguro que esta persona quizás no imaginó el eco tan grande que harían en mi interior dichas palabras!). (Vaya mi gratitud y mi remordimiento por no haberlo entendido en el momento apropiado, gracias donde se encuentre ahora).

Al salir de la oficina, buscaba un bote para basura en donde depositar al libro, una ventana para dejarlo o algún lugar para no cargarlo, pero como de costumbre, alguien superior, no permitió que lo encontrara, llegué a la esquina y estaba esperándome el autobús, ¡ah!, cuando me senté, sentí que el libro me llamaba, me decía no te deshagas de mí, leeme, seré tu compañero fiel, no te dejaré solo, dame una oportunidad y te lo demostraré, no seas ingrato con tu regalo que te han dado de la manera mas humilde.

¡Y que aparece la magia, lo abrí y comencé a leerlo!, poco a poco, me llevó al mundo difícil pero fascinante de Frank Bettger y de un contemporáneo suyo Dale Carnegie, aquí pude visualizar, situaciones difíciles, complejas, derrotas, hambres, penurias, pero al final el triunfo.

Sí, damas y caballeros, cuando mas difíciles parecen las situaciones, cuando más oscuro se ve el camino, cuando cree uno que todo está en contra, la fe, la esperanza y la magia divina aparecen, y en ese momento, el mundo cambia, se saca fuerza del interior y se puede lograr todo lo que uno se proponga, sin temor al fracaso, a lo que considera cada quien complicado; sí es cierto, yo les convido a intentarlo y verán grandes cambios.

¿Cómo probarlo? En los siguientes capítulos, si gustan acompañarme, lo podrán visualizar por ustedes mismos.

Capítulo No. II

Comienza la carrera

Después de leer el libro antes mencionado, me avisaron de una vacante como vendedor de piso en la empresa López, Montes y Mestas, en la cual, se promovían muebles metálicos para todo tipo de necesidades, desde la casa hasta hospitales y ¡ah señoras y señores!, el hecho de platicar con la gente, ayudarles a satisfacer sus necesidades, recomendarles algo para su bienestar, ver su cara de satisfacción, es lo más gratificante que pueda sentir un ser humano, el ver la expresión de agradecimiento en su faz, es algo que no tiene precio, y es allí, en el momento que inicio esta carrera de más de 40 años al servicio de los clientes.

Durante 2 años trabajé como vendedor de piso tanto en la matriz como en sucursales, en este tiempo, comencé mi preparación en las ventas a nivel profesional, ya que fué este periodo de mucho trato con la gente, procurando dar a cada persona lo apropiado, lo que cubriera sus necesidades, lo que buscaba y encontrar su satisfacción.

En mi preparación, conté con el apoyo del gerente, un señor español que por desgracia no recuerdo su nombre; aunque era muy regañón, lo hacía para que uno fuera mejor cada día, gracias donde esté.

Siguiendo sus consejos, fuí avanzando por el camino de las ventas y llegué a ser de los mejores vendedores, tanto en matriz como en sucursal que hubo en ese momento en la compañía, pero todo en la vida tiene un fin y a mí me alcanzó.

Pasados los 2 años de colaborar con la empresa, me dicen que mis servicios ya no son útiles ¡cha ca cha can!, otra vez a cargar el cielo y todo lo demás, a volver a empezar, a batallar, a buscar, a tocar puertas y el fondo.

En esos momentos difíciles, encontré apoyo en mi consejero fiel, el que prometió no defraudarme y lo cumplió; al leerlo en esta ocasión, cada uno de sus capítulos me da una enseñanza nueva y por esta razón encontré otra vista, otro horizonte, otra manera para luchar y de repente ¡pum, cuaz! la oportunidad llegó: obtengo el puesto de ayudante del gerente de ventas de la empresa **Industrias Didácticas Nacionales;** queridos lectores, el gusto, el placer, la oportunidad de conocer un mundo nuevo, el mundo de la fotografía y el material didáctico de importación, quiero que sepan, esto fue un detonante en mi vida, ya que en los siguientes 5 años que estuve colaborando en la empresa, me capacitaron, me educaron, me indicaron la manera de convertirme en realidad, en un vendedor profesional, esto se lo debo al Sr. Ulises De La Fuente, jefe que me ayudó y me permitió adquirir de su persona, la experiencia, la capacidad y el profesionalismo para trabajar en cualquier campo de ventas.

El tiempo que colaboré con la empresa, estuvo acompañado de muchas situaciones tanto buenas como malas; conocí como elaborar el trabajo de oficina, organizar las cotizaciones para los concursos federales que tienen por objeto el equipamiento de las escuelas, de los hospitales, de los centros de atención, etc…

Aquí se llevaba a cabo mucho trabajo, ya que cuando se ganaba la licitación, había que preparar los permisos de importación y una serie de documentos que implicaban bastante tiempo y cuidado para no cometer errores.

Durante mi estancia en la empresa, estuve en estrecho contacto con los vendedores más importantes que había, de ellos aprendí como hacer los negocios con las grandes empresas, con las mejores escuelas, los mejores institutos, las dependencias de gobierno, en fin, con la crema y nata de los mejores clientes.

Allí conocí algunas de las escuelas que al paso del tiempo, serían los mejores clientes de mi cartera, como la U.N.A.M., el I.P.N., la U. A. M., así como casas de fotografía, dependencias de gobierno, etc...

En el transcurso de esos 5 años, aprendí el trabajo de oficina, la planeación, el uso de algo muy importante para todo vendedor: La Agenda de Trabajo.

Esta compañera es muy útil, ya que en ella debe uno apoyarse para todo: citas, visitas, pedidos, teléfonos, direcciones, en fin, un sin número de datos muy necesarios para el vendedor.

Recuerdo que llevaba 2 años trabajando aquí, cuando me ofrecieron apoyar al mejor vendedor que había en la compañía, esto para mí fué grandioso, por este motivo tuve acceso a los departamentos de compras de los hospitales del sector salud, a sus centros de investigación, y lo más importante, conocí a varios científicos, cosa que de otra manera, nunca lo hubiera hecho.

También estuve en contacto con personal de compras a nivel gerencial y me preparé para tratar con todo tipo de clientes a cualquier rango, tanto de preparación como jerárquico.

Aquí aprendí a usar las cámaras de fotografía profesional, los microscopios científicos y en general el material para el laboratorio; fue una experiencia muy enriquecedora para mí en todos los aspectos, y principalmente, en mi crecimiento profesional.

Por estas fechas nació mi primer hijo Luis Arturo, que fue mi primera bendición del cielo.

Todo iba muy bien y al finalizar el 5° año de labor, un amigo que se había ido para trabajar en la compañía Fuji Film, me avisó que había una vacante, su nombre es el Sr. José Luis Rodríguez; cuando me presenté con ellos, me contrataron en el departamento de fotografía para aficionado. El cambio fué muy importante en mi vida, trabajar para una empresa de nivel internacional era algo nuevo y muy gratificante; al pasar un año, el dueño el Sr. Enrique Giraud, me propone cambiarme al departamento de cine profesional.

Este cambio se debió a que conocía todo el movimiento que se llevaba a acabo en el área de aficionado, por lo que acepté la propuesta y comencé a trabajar bajo las órdenes del Sr. Giraud; fué algo diferente, el hecho de visitar a los directores de cine, a los productores de películas, a las escuelas donde se filmaban los cortometrajes, los anuncios, etc., aquí tuve el gusto de conocer personas de la talla del Sr. Carlos Amador, los Sres. Galindo, en fin un sin número de personajes del cine; pero lo más importante vino cuando se llevó a cabo la convención de cine en la ciudad de México, D. F., era la primera en México, la más importante, la más grande, todo un evento en la extensión de la palabra.

El haber trabajado aquí, me permitió conocer gente muy importante, ver películas incluso antes de su estreno, ¡oh Dios! que grandes recuerdos y que privilegio haber estado allí.

Por espacio de un año trabajé en cine profesional y regresé al área de aficionado para cubrir una zona del sureste de mi adorado México, aquí conocí lugares tan hermosos que no envidian al extranjero.

Para estas fechas se empezaron a dar situaciones muy complicadas en la empresa, como no tenía auto, los periodos de viaje se extendían mucho más de lo normal, debido a que para visitar algunas poblaciones, había solamente un paso de autobús al día, por ello, perdía tiempo y se reflejaba en un costo muy elevado al final de la ruta; al pedir se me apoyara con la adquisición de un automóvil, la respuesta fue contundente ¡no hay modo de hacerlo! cosa por la cual, decidí buscar un nuevo horizonte para mí.

Aquí ya contaba con mi segundo premio mayor de la lotería mi hijo Pablo Martin.

Pasado un tiempo, me proponen trabajar para un laboratorio farmacéutico se llamaba Richardson Merrel; ya se imaginarán ustedes la alegría que esto significó para mí, un cambio de 180° en mi carrera de ventas, un panorama muy distinto a lo que había manejado durante mi trayectoria, la oportunidad de accesar a algo nuevo, algo muy diferente, algo cien por ciento profesional en el campo de la salud, se imaginan promover medicamentos, tener contacto con médicos de todos los niveles desde estudiantes hasta profesionales e investigadores, fué magia convertida en realidad.

Les puedo asegurar que esto no fue sencillo, ya que muy poca gente lo lograba sin preparación académica en el campo de la medicina, y la ayuda para entrar se la debo al Sr. Alonso, recuerdo que fue la ultima entrevista que tuve, ya que era el gerente general y entrevistaba a todos los candidatos para decidir si eran aptos o no; al asistir a la cita, me paso su secretaria y al mismo tiempo le paso una llamada, salió y le dijo que porque lo hacia o era una o la otra cosa que debía hacer y no las dos, en ese momento me pidió una disculpa y me pregunto si el debía hacer todo, entonces le comente que para que quería a sus gerentes de área, a sus supervisores, a sus vendedores y a toda su gente si el haría todo, entonces me pregunto que como era que conocía el organigrama del laboratorio si aun no laboraba allí y le dije que debía conocerlo para saber quien estaba mas arriba y más abajo de mi para recibir las ordenes y esto me ayudo para trabajar allí.

Entonces surgió en mi interior algo muy común en los seres humanos, se llama miedo al fracaso, el miedo a lo desconocido, el miedo a no poder desempeñar la tarea, el miedo a que fuera algo superior a mí; pero recordé que mi fiel amigo tenía una respuesta para mí y lo consulté, al abrirlo, me llevó al capítulo en donde Frank hace mención al miedo y dice que no hay que temer al fracaso ya que muchas personas muy importantes han fracasado un sin número de ocasiones antes del triunfo (caso concreto habla de Abraham Lincoln y las penurias que sufrió hasta llegar a ser uno de los mejores presidentes de los Estados Unidos) y entonces, retomé la fuerza y empecé a estudiar y a prepararme para desempeñar el papel que tenía ante mí, por espacio de un año trabajé visitando a médicos tanto en sus consultorios como en los hospitales, las farmacias, las escuelas de medicina, en fin todo lo que tenía relación con mi trabajo.

Pasado el año, nos dan la noticia que Richardson se separaba de Merrel, quedando Richardson Vick y Merrel pasando a LePetit, ya se imaginan lo que vino después, a todos los integrantes nuevos nos mandaron a la calle.

Como ya saben, otra vez el espacio sideral cayó encima de mí.

Pero lo bueno de todo esto, fué que mi fiel consejero me esperaba como siempre con las páginas abiertas y con un consuelo a la mano.

Transcurría el año 1985, cuando nos sorprendió algo muy fuera de lo común, a la Ciudad de México la desbastó un terremoto de magnitudes inimaginables, fue algo descomunal, algo que aún ahora no se puede describir; en conjunto con algunos amigos nos dedicamos al rescate de personas desamparadas o atrapadas en los escombros, les puedo asegurar que es una impresión tan honda, que aunque pasen los años, la herida no cerrará totalmente. Recuerdo que fuimos a rescatar personas en la estación San Antonio Abad del metro, y era espeluznante el escuchar los gritos de dolor de las costureras que quedaron atrapadas en los escombros sin que alguien pudiera rescatarlas, también recuerdo los edificios donde vive mi tía al lado del Centro Médico, desaparecieron en una forma inesperada y dantesca, pero todo en la vida lleva una enseñanza, y aquí aprendí a valorar todo lo que el ser supremo nos da y no sabemos apreciar (señoras y señores, den gracias por lo que tienen y valoren a sus familiares), vienen a mi mente escenas tan deprimentes como ver a los perros franceses desgarrar sus patas con el afán de llegar a las personas atrapadas y no poderlo hacer.

Por ese entonces, un amigo y cliente de Fuji me ofreció trabajo para vender material fotográfico y de microfilmación su nombre el muy estimado y querido Sr. Moisés González, quiero que sepan, en 3 años que trabajé con él, sucedieron cosas muy importantes en mi vida: adquirí una superación profesional, conocí la obra de un contemporáneo de Frank Bettger, el Sr. Dale Carnegie que conocía muy superficialmente en el libro de Frank, tuve una mejora económica muy sustancial, pero lo más grande conocí a la mujer más importante en mi vida familiar, conocí a Linda mi compañera y la madre de mis adorados hijos.

El hecho de trabajar con Moisés, me ayudó invaluablemente para mi desarrollo profesional, conocí algo nuevo y muy importante para mí, la microfilmación, ya que por esos años se empleaba mucho en los bancos, en las escuelas, en el gobierno, etc…

Aquí mis principales clientes eran los bancos, la U.N.A.M., el I.P.N., la U.A.M., El Archivo General de la Nación (fué una experiencia muy particular, ya que tuve la oportunidad de involucrarme con la historia de mi país y es algo que muy poca gente puede recibir gratuitamente; recuerdo que una noche estábamos trabajando en las instalaciones de Lecumberri, cuando escuchamos unos gritos desgarradores y quiero que se imaginen ¡los pelos de punta para los que estábamos allí por primera vez! para los que ya tenían mucho tiempo, las carcajadas fueron sonoras, el encargado me comentó, en ese momento, que ese edificio había funcionado como cárcel durante muchos años y por eso se escuchaban esa clase de exclamaciones, yo le comenté que para mí era algo fuera se serie y me dijo que ya me acostumbraría con el tiempo (igual que él), en fin era una clientela que manejaba muy altos volúmenes de película para microfilmación y sus accesorios, gracias a ello, fué el primer trabajo donde tuve percepciones por arriba de los $2,000,000.00 cosa que antes nunca había obtenido.

Esto significó para mí ¡toda la dicha del mundo y más allá!

Durante el primer año con Moisés, Linda trabajó también con nosotros y al finalizarlo nació mi primer hijo Raúl Eduardo, esto fue para nosotros una bendición monumental, el tener en los brazos una pequeña personita era lo máximo en la vida.

Aquí me convertí en el amo de los imposibles, esto se debió a que cuando algo no salía bien, me encomendaban la tarea y por difícil que pareciera, solía hacerlo bien y llevarlo a cabo; como anécdota, recuerdo muy en particular, lo siguiente: Moisés había sufrido un revés muy fuerte con la jefa de compras del Banco Comermex, debido a esta situación tirante, no quería visitarla, pero era en su tiempo, un banco muy importante; recuerdo que me retó a visitarla, y si lograba venderle algo, me lo asignaría como cliente, ¿y que creen ustedes que sucedió? La magia apareció como lo describe mi consejero de siempre, logré no solo venderle material, nos pidió a Linda y a su servidor convertirnos en sus padrinos de boda, ¡se imaginan la sorpresa que se llevó Moisés cuando se lo comenté! fue algo para recordar por mucho tiempo.

Todo transcurría normalmente hasta que Moisés contrató a unos tipos que habían quebrado y por lógica llegaron a romper la paz que existía en la empresa, comenzaron a meterse con los clientes que yo atendía y por lo consiguiente, los problemas hicieron su aparición. Esto ocasionó tal confusión que me ví obligado a retirarme de la empresa y ya saben ¡más triste! otra vez el espacio sideral hizo su tenebrosa aparición encima de mí.

CAPÍTULO No. III

Cambios por Necesidad

Para no variar, recurrí por enésima vez a mi consejero, releí el capítulo del fracaso (aquí encontré la enseñanza que da el hecho de no darse por vencido cuando uno desea algo con toda el alma y seguro lo encuentra) y busqué trabajo encontrándolo en **Organización Bimbo**, aquí estuve por espacio de un año trabajando para **Tía Rosa**, como pueden imaginarse el estilo de vida cambió del cielo a la tierra, todo era diferente, empezando por el sueldo y terminando por todo lo demás.

Pero entonces sucedió algo muy especial, después de llevar a cabo mi labor en zonas tranquilas y en otras muy peligrosas, hubo un aspecto que me ayudó a aprender lo siguiente: cuando el pan no se vendía en la fecha apropiada en las tiendas, se hacían ofertas para comercializarlo como pan frío; ninguno de los vendedores hacían esfuerzo para vender dichas ofertas, pero ¡Bum! para mí fue la mejor forma de encontrar el gusto por la venta que nadie quería.

Esto no lo hubiera logrado, si no se me ocurre pararme a las afueras de las oficinas generales del I.M.S.S. en la calle Reforma, ¡sí estimados lectores!, así fue como diariamente terminaba con las ofertas que me daban para vender; pero todo en la vida se termina y así paso con las ofertas, me prohibieron ir a vender al I.M.S.S y por lo consiguiente, se bajaron totalmente mis ventas.

Por ese tiempo, recibí una lección muy importante en mi carrera de ventas: no porque los demás hagan lo fácil, significa ser el camino correcto.

En esta etapa, llega a nuestras vidas mi segundo adorado hijo, Luis Enrique, cosa que llena de satisfacción nuestro camino.

Ya con 2 hijos como tesoro, me retiro de **Bimbo** y me voy a una nueva enseñanza: la industria química, consiguiendo empleo como vendedor de productos para la limpieza de baños públicos, ranchos, restaurantes, etc...

Esto abre un nuevo horizonte y me conduce a un mundo diferente, en el cual, la variedad de clientes me obliga a superar mi novatez y mi aprendizaje se acelera debido a mis necesidades económicas.

En esta etapa de mi vida, con las carencias monetarias, con 2 hijos y una esposa que mantener, sin casa donde vivir, mi jefe me renta una casa de ensueño, el único problema era que estaba en la carretera a los volcanes para el estado de Morelos; entonces vino lo difícil de una decisión, y me ví obligado a tomarla, con el apoyo de Linda, nos fuimos a vivir a la casa que mi hijo Raúl Eduardo bautizó como la casa azul, debido a que tenía todo el frente de cristal y las cortinas eran azules; ¡quiero que sepan! era una casa como de ensueño, tenía casi todo el frente con jardín, en él había 4 árboles frutales, cosa que nos daba para no buscar fruta del mercado, en el interior, en la planta baja, tenía una sala con chimenea, el comedor, la cocina con un baño completo, en el primer nivel tenía 2 recamaras, una con chimenea y un baño con tina de mármol, además de una terraza, en el 2° nivel había 2 recamaras con piso de barro (en ellas dormíamos cuando el frío era insoportable), aquí estuvimos por espacio de un año, durante el cual, trabajaba en el D. F. de lunes a viernes y los sábados visitaba ranchos lecheros en Chalco, mi aprendizaje se aceleró demasiado, debido a que mi jefe me dejaba solo para que las visitas me condujeran a la necesidad de saber cada día más y se lo agradezco con toda el alma, ya que si no lo hubiera hecho así, no me habría sido dada la incursión a un esquema diferente (gracias Lic. Topete).

Esta decisión trae como consecuencia muchos beneficios y al finalizar el año en esta derivación de mi loca carrera, doy un giro veloz y me voy a un nuevo reto: me contratan como vendedor de productos químicos para la empresa **Materias Primas**, que en ese momento, era muy importante en el ramo químico.

Esta oportunidad me la avisó un vecino de mis padres, quien se enteró de la vacante y después de varias entrevistas, citas, pláticas, ¡Puff, que cansancio!, pero al fin lo logré.

Si aún siguen en la lectura, no se han aburrido, no están cansados y quieren saber lo que sucedió después, vayan por un vaso con agua, un refresco, una torta o cuando menos palomitas, debido a que en el próximo capítulo les comentaré las peripecias llevadas a cabo para llegar al presente. Los espero en el capítulo no. IV.

Capítulo No. IV

Cambio de Residencia

Que bueno que aún están en la lectura de este libro, si han llegado hasta aquí y no han perdido el interés, a continuación comenzará la serie de lecciones más duras y a la vez más ricas para mi madurez como vendedor profesional y como ser humano.

Ya les había comentado que ingresé a la empresa Materias Primas, que de hecho fué mi último empleo en la Ciudad de México; representó una experiencia enriquecedora en todos aspectos, ya que se me asignó la zona más grande de la empresa, más compleja, más descuidada, con un potencial que ni mi supervisor, siendo el último vendedor que la trabajó, lo pudo identificar; ¡sí, como lo leen!, en 2 meses de trabajar en esta zona, las ventas se duplicaron debido a que localicé muchos prospectos que pronto se convirtieron en clientes, clientes que por la atención y la frecuencia de las visitas, incrementaron sus compras, a tal grado, que esto generó cambios en la empresa.

Se me propusieron varias oportunidades:

1ª) la gerencia de la sucursal de S.L.P.,

2ª) la supervisión en León y

3ª) la supervisión en el D.F.

Quizás se pregunten como yo lo hice: ¿Cuál será la mejor?

Pues verán: la gerencia de S.L.P. no se llevó a cabo, debido a que mi experiencia en la empresa era muy corta (4 meses solamente) ¡ pamplinas y pretextos!, la realidad era que no me querían allá.

La supervisión en el D. F. ¡otra reverenda tomada de pelo!, el vendedor que estaba en preparación, amenazó con dejar la compañía si se me daba la oportunidad ¡que buen pretexto!

Quedaron solamente 2 posibilidades: seguir con mi zona o cambiar de residencia a León, y ¿qué creen que sucedió?, pues lo más inexplicable, no podía quedarme en mi zona porque cuando había un movimiento y no se aprovechaba, automáticamente lo congelaban y ya no había progreso.

Bueno, lo comenté con mi esposa y me contestó que si era para mejorar, me apoyaba en la decisión que tomara.

Transcurrieron 6 meses más y vino el cambio a León; el jueves 21 de marzo de 1990 (día de mi santo) viajo por 1ª vez con el gerente de ventas foráneas a León.

Llegamos a la hora de la comida, a una ciudad desconocida para mí y para la empresa, ya que los antecesores a mi llegada, ninguno había vivido aquí; después de comer, nos dirigimos al Hotel Condesa, el cual se convirtió en mi nuevo hogar por espacio de 2 meses, tiempo en el cual nos mudamos acá.

Al día siguiente, desayunamos y viajamos a S.L.P. para recoger un auto y llevarlo al D. F.; ahora sí agarrense bien, porque comienza la serie de decisiones más espeluznantes que he tomado en mi vida, unas por gusto y otras por obligación.

A partir del lunes siguiente, mis semanas se convirtieron en algo poco común: viajar los lunes a León y regresar los viernes al D. F. para estar con mi familia y entregar el trabajo de la semana.

Ese primer lunes, tanto mi supervisor en el D. F. como el gerente de ventas locales, me avisaron que ningún vendedor anterior había durado más de 3 meses en la zona, debido a que no vivían allí y que por lo consiguiente, no me auguraban buen futuro, pero eso no era lo malo, ¡oh, mi dios! lo peor era que el viaje tenía boleto solamente de ida.

Cuando ví mi realidad, se me abrió el piso y de nuevo sentí cargar el mundo y todo lo demás que ustedes ya saben, pero entonces recurrí a mis consejeros y encontré la respuesta: si quieres puedes, ¡guau, ya verán lo que sucedió!

Contra todos los pronósticos y presagios, salí de regreso a León por primera vez solo; esto fué algo raro para mí, desde el momento de dejar a mi familia y tratar de vencer algo desconocido.

Llego al Hotel Condesa, me instalo y antes de ir a comer me pregunto ¿qué hago aquí, qué hice, qué me obligaron a hacer? Y la única respuesta fué: a trabajar y a demostrarme que podía salir adelante el tiempo que estuviera solo aquí y cuando llegara mi familia.

Esa tarde, después de comer, empecé a organizar el trabajo para el día siguiente y fué entonces, cuando me dí cuenta del cambio tan drástico de una zona a la otra y ví la realidad contra la que debía luchar.

Al día siguiente, salí por primera vez a la calle y como se pueden imaginar, el mundo estaba encima de mí, no conocía la ciudad, no conocía a los clientes, no tenía a quién platicarle lo que me sucedía y fué cuando sentí la soledad sin mi familia y con mi empresa a 450 kms. de distancia.

Esa primera semana fue muy dura, ya que al comparar las zonas, me sentí muy bajo en mi rendimiento. Llegó el viernes como bendición y viajé al D. F., ¡hombre, que bien sentí llegar a un lugar conocido, ver a compañeros y estar con mi familia!, pero ese gusto terminó muy pronto y regresé el lunes nuevamente a León.

La segunda semana, conocí a una persona, con la cual había tenido mucha comunicación por teléfono antes de cambiarme, era hermana de uno de mis clientes, se llama Ruth; ella se convirtió en un apoyo muy grande y fundamental para mí, ya que ocupó el lugar de mi secretaria, sin trabajar para la misma empresa que yo (vaya mi agradecimiento para ella).

En esa semana se me complicaron mucho las cosas, debido a que de acuerdo a lo pactado, en 1 mes, máximo 2, me comprometí a encontrar casa en León;¡ya se imaginarán la situación!, pero bueno, de alguna manera, pasé la segunda semana y el viernes nuevamente regresé al D. F. para ver a mi familia.

Inicié la 3ª semana en León con todo en contra y eso me hizo despertar una noche con el fantasma cruel de la comparación y la frustración al ver, objetivamente, lo que había dejado en el D. F. y lo que había adquirido en León ¡Oh Señor, que dura realidad! Allá la mejor zona, no explotada completamente, terreno conocido, amigos, familia, etc., y aquí, una zona desconocida, solo en ella, sin alguien a quien contarle lo que me sucedía, ¿pueden imaginarse lo que sentí tras la evaluación? La peor de las decepciones y algo más profundo, recordar las palabras de mi supervisor al decirme que nadie había logrado vencer la zona del Bajío y que no tenía más de 3 meses en mi aventura.

Desesperado, confundido, solo y sin marcha atrás, valoré la decisión tomada y fijé el rumbo, me dije a mí mismo: Luis, no hay vuelta de hoja, no hay marcha atrás, si regresas no hay trabajo, no hay casa y ¿cómo mantendrás a tu familia? ¡UPS, UPS! El pacto fué el siguiente: por la mañana, en lugar de salir a dar vueltas como mayate, me dedicaré a checar la información que tengo sobre los clientes, actualizaré los datos, haré recorridos por medio del plano de la ciudad y entonces, podré lograr mi cometido, armar la zona de ventas con lo que tengo, y después, buscar prospectos para ampliar la cartera y generar ingresos suficientes para no sentir económicamente el cambio; la magia de haber leído a mis incondicionales amigos, me ayudó para separarme de las garras del fracaso y la frustración, se llama: Organización y Planeación (en este capitulo, dice Frank que nadie puede llevar a cabo su trabajo si no esta organizado, y el requería del viernes para planear toda su semana y ver los resultados de la presente, que razón tiene).

Si no me hubiera despertado esa noche y no hubiera tomado la decisión que tomé, seguramente, no estaría escribiendo este libro, no viviría en León, y sabe Dios cuantas cosas más no habría hecho.

Por la mañana, con el ánimo revitalizado, y pensando en la fuerza mayor (mi familia), me levanté y me dí a la tarea de organizar la escasa información que tenía a la mano, la realidad, era tan pobre lo que encontré, que prácticamente empecé desde cero y cambié los planes, me hice amigo del directorio telefónico y usuario del teléfono, ¡ojala y a ustedes les sirvan estos tips a cualquier lugar donde vayan, son de suma utilidad, no los olviden nunca en ninguna parte!

Una vez organizada la escasa información, llamé a Ruth para visitarla y por medio suyo, tratar de localizar a los clientes que tenía en el listado; esto fué el *bum* para que las cosas cambiaran sobre manera, ya que pude tener acceso, más fácilmente, a las direcciones que tenía y fuí encontrando en el camino, prospectos que localizaba en el directorio; con el ánimo más en alto, pude buscar casa y trabajar a la par.

Lo de buscar casa, fué algo difícil, ya que mucha gente lo hacía igual que yo; de hecho, fue engorroso debido a que estaba solo y no había quien me respaldara en el contrato, como se imaginarán, me sentía con el mundo a cuestas otra vez y para variar.

Pero entonces sucedió algo afortunado para mi buena suerte, la dueña estaba para decidirse entre 2 personas, y para llevar a cabo la decisión, me ayudó el hecho de que la mamá de la dueña vivía en San Luis Potosí, y debido a esto, contactó con la sucursal de allá, quedando la empresa como aval y garantizando el pago de la renta; esto fué un golpazo de suerte ¡uf, gracias a todos los santos!

2ª PARTE
Mi experiencia en León, Gto

Capítulo No. I

Mi estancia en Materias Primas (sucursal León) y el cambio

Al cambiarme a León, pensé que todo sería más fácil, ¡oh, iluso de mí! Fué todo lo contrario.

El primer año aquí y único en Materias Primas, fué completamente desgastante y muy frustrante por la falta de apoyo de la empresa.

Mis ingresos nunca llegaron a lo prometido porque siempre guardaban un pedido sin contabilizar para no pagarme el total del bono por cobertura; pero sin embargo, de lo malo, siempre se aprende y se obtiene algo bueno; esto lo digo, por la razón siguiente: el hecho de no contar más que con mis clientes y con mi esfuerzo, me ví obligado a conocer la industria curtidora en su división de curtido vegetal; aquí fué de vital ayuda uno de los hermanos de mi amiga Ruth, el ing. Jesús Falcón, debido a que sus enseñanzas, en mi nulo conocimiento del proceso, poco a poco germinaron en mi aprendizaje y al paso del tiempo, dieron frutos muy vastos, y debido a esto, sigo en esta difícil, pero querida plaza de León.

Durante ese primer año, mi mundo se cifró en la atención a las tenerías que producían solamente cueros curtidos con extractos vegetales, sin tener conocimiento en el área técnica, me pude abrir paso con los clientes en los departamentos de compras por los precios que manejaba y por la atención que les daba, ya que muchos de mis competidores los visitaban muy de vez en cuando, y con muchas deficiencias en el servicio.

Aquí va mi agradecimiento a las personas que hicieron posible mi aguante en la empresa, dichas personas, me apoyaron incondicionalmente, y por ello, hicimos un buen equipo de trabajo (si alguien se me olvida, pido disculpas por adelantado), el Sr. Tomas Ninow de Suelas Wyny, los Sres. Villegas de Suelas Villegas, el jefe de compras de Suela Medina Torres, el Ing. Jesús Falcón, el Sr. Juan Manuel Espinosa de Suelas Esmar (aquí hago una mención especial a una amiga paisana que conocí, se llama Sandra y a su familia), el Ing. Salvador Medina de Suelas Salvador, el Sr. Santos de Suelas Santos, el Sr. Rodrigo Velázquez de Suelas Marro, el Sr. Everardo Grijalba de Productos Químicos Grijalba, los dueños de Suelas Bame, el Sr. Cruz Ruíz de Cuero Centro, en fin, a todos los que de alguna manera intervinieron en mi destino, gracias.

Poco a poco y con la ayuda del Ing. Falcón, logré mejorar mi servicio hacia los clientes ya que iba capacitándome cada vez más y por lo tanto, podía detectar las necesidades con respecto a mis materiales y como resolverlas, aunque tenía en contra la distancia de mi empresa (450 kms.), cosa que era difícil de subsanar, pero, gracias a la programación y a la paciencia de los clientes, logramos hacer un buen equipo y contrarrestar esos embates; también tuve el apoyo de la empresa Tibsa para poder llevar a cabo las entregas a tiempo, cosa sin la cual, no lo hubiera logrado, me dieron toda su ayuda y atención en los momentos más complicados y gracias a ello, todo se dió de la mejor manera.

Durante el año que trabajé para Materias Primas, tuve de todo, pero en especial muchas malas acciones por parte de la gente del departamento administrativo, no entiendo aun, porque los seres humanos en vez de ayudarnos, tal parece que gozamos poniéndonos piedrotas en el camino, como si con esas acciones, ganáramos algo, lo malo de la situación, es que sucede todo lo contrario, ya que los problemas que nos agregamos, siempre son más difíciles de solucionar y por ende, sufrimos las consecuencias y le echamos la culpa a toda la gente en lugar de admitir nuestra responsabilidad.

Algo bueno que me sucedió en ese año, fue el hecho de recibir la visita del Ing. René Solano que conocí en el D. F. antes de mi cambio, esto fue de mucho apoyo para mí, ya que al pasar el tiempo, me ofreció la representación de los tensoactivos de la marca Stepan de México en León, y con esto, logré levantar mis ventas en buena proporción.

Regresando al tema que nos ocupa, logré vencer muchas malas acciones y entonces conocí al gerente de una compañía de productos químicos, el cual, me ofreció un puesto en ventas dentro de su personal.

Al presentar mi renuncia en Materias Primas, se podrán imaginar toda la serie de críticas de que fui objeto por parte de la gente de la empresa, pero, cuando vinieron para que entregara todos los papeles correspondientes a la zona, se llevaron el chasco de su vida, ya que todo estaba en orden y la mala administración de su gente en el D. F., había ocasionado mi renuncia.

Bueno pasando a cosas menos trágicas, cuando empecé a colaborar con Impulsora Química ¡aquí vino lo bueno y lo diferente! El contar con infraestructura local, todo el apoyo, existencia de materiales, equipo de reparto, capacitación, etc., etc., etc., me abrió una puerta muy grande a un nuevo mundo: El Mundo de la Curtiduría, tal como es.

Durante mi estancia allí, tuve contacto con muchos técnicos muy preparados y muy experimentados, los que me enseñaron todo lo que sabían acerca de la industria; en esta época conocí al que considero en mi preparación mi padre en la curtiduría, el Sr. Leo McCaffrey.

Mi padre me enseñó desde lo más simple hasta lo más complicado en el proceso de curtido, me tuvo fe, me enseñó a confiar en mí y a dar a los clientes lo mejor de mí mismo; también extiendo mi gratitud al Sr. David Knaus, al Sr. Harold Gilbert, al Sr. John Mallard, al Sr. Steven Schoeder, al Sr. Andrea Mariotini y a algunos otros que no recuerdo sus nombres, pero les debo mucho en mi aprendizaje.

Vienen a mi mente, varios recuerdos que hubo en este tiempo, unos buenos y otros no tan buenos. Recuerdo que durante mi capacitación, la gente con la que debía estar en contacto, era tan celosa para no enseñarme lo que sabían, que en ocasiones hasta se escondían para no contestarme las preguntas que les formulaba, y vaya que era yo el amo de las preguntas estúpidas, debido a que durante 1 año que trabajé en la otra empresa, no aprendí gran cosa del proceso y por ende, la gente no me tenía mucha paciencia; recuerdo también, que me mandaron a un curso en la Asociación de Químicos y Técnicos del Cuero sobre el área de acabado, ¡ya se imaginarán la gran sorpresa y la gran decepción del aprovechamiento del mismo!, todo esto, debido a que mi preparación en la industria del cuero, siempre ha sido de atrás para adelante.

La primera vez que vi en las tenerías las pieles en pelo, comprendí lo que veía en el rastro de Ferrería cuando era viscerero y nadie me sabía, o quería decir acerca de la piel y su uso.

Volviendo al momento, mi preparación en el proceso del cromo, se fué dando paso a paso y para variar de atrás para adelante, como siempre, ¡uf, que cansado! ¿Verdad?

Después del curso de acabado, me mandaron a otro de recurtido, teñido y engrase, aquí las cosas marcharon de una manera diferente, ya que lo poco que aprendí con el Ing. Falcón, me sirvió para medio entender las clases y lo que sería en lo sucesivo mi manera de ganarme la vida.

Mientras el tiempo transcurría, leía y releía las literaturas de los productos que vendíamos sin entender mucho de lo que leía, hasta que un día le dije a Johnny que necesitaba salir a la calle porque sentía que me ahogaba en la oficina, cuando le comenté mi propuesta, su primera reacción fué negativa, pero al indicarle que yo era vendedor y no técnico, me dejó tomar la decisión y gracias a esta situación, comencé a mezclar la capacitación con la calle.

Al llegar con los clientes, algunos se mostraban recelosos, ya que sabían que no era técnico y por lo tanto, no me daban mucha de su atención, pero al pasar el tiempo, y con otro curso (el de curtido), las cosas comenzaron a cambiar a mi favor. Entonces me mandaron a la tenería Cosmos que formaba parte del grupo Flexi, para que observara en el campo, lo que me enseñaron en los cursos, de aquí para adelante, todo cambió, no sin tener sus cosas negativas.

Al cumplir 6 meses en la empresa, las ventas no iban tan bien como se pensaba, y por eso consideró Johnny el mandarme a la calle, cosa que no se lo permitió el contador de la misma, el Sr. Carlos Del Castillo, también mi padre habló con él haciéndole ver que era muy poco tiempo para que diera los resultados esperados, esto lo obligó para que diera marcha atrás y ¿qué creen? ¡el susto de mi corrida! se convirtió en una comida en Lagos de Moreno como premio al cumplir 1 año en la empresa por las ventas acumuladas en ese período de tiempo, en este proceso, me ayudó la representación que nos pasó el Ing. René Solano de los tensoactivos, debido a que por ese tiempo se vendían muy bien.

Al llegar a este espacio, el trabajo para mí, cada día era más complicado, ya que manejaba una cartera muy amplia de clientes, y mi servicio se veía muy limitado, entonces solicité que me contrataran un técnico para que me ayudara haciendo los desarrollos de los clientes y las cosas que no podía yo hacer, esto se llevó a cabo y conocí, al que hoy es mi compadre, el Sr. Luis Maldonado, esto se dió por medio de su hermano Juan, ya que lo atendía como cliente, y una ocasión platicando acerca de mi necesidad, me comentó que su hermano estaba estudiando en el CONALEP y quería trabajar, cosa que aproveché y lo traje a la empresa.

¡Ya sabrán lo que significó para un servidor el tener alguien que lo auxiliara!, las cosas se modificaron sustancialmente, las ventas siguieron su curso de ascenso y llegamos a formar un gran equipo de trabajo con 5 técnicos bajo mi mando.

Durante la primera salida que tuvimos, Luis me pidió que no solo lo llevara con clientes de la empresa, si no que también quería verme trabajar con prospectos para saber como lo hacia, entonces pasamos por una tenería que no conocía y nos bajamos, recuerdo que el dueño nos atendió y comento que usaba materiales de una casa comercial que todos decían que eran de baja calidad, al contestarle que para mi no había esa situación y que todos los materiales eran buenos sabiéndolos usar, aprovecho mi salida para mover el auto y decirle que era la primera vez que alguien le comunicaba eso, y por lo consiguiente, al regresar, me pidió muestras y con ello, se hizo mi cliente (claro que esto me lo dijo Luis cuando estábamos en el auto).

Recuerdo otra ocasión, en que me mandaron a trabajar por espacio de una semana con mi padre a la tenería Temola en el estado de Morelos, cosa que me sirvió muchísimo, ya que durante ese tiempo, mi padre me dió muchos tips, acerca de los productos de Atlas.

En ese viaje, sucedieron cosas curiosas y raras, como las siguientes, me llevé a mi familia, ya que iba a permanecer días fuera de casa, y como pasaría al aeropuerto del D. F. por mi padre, dejé a mi familia con mis suegros, de repente se hizo tarde y no pude rellenar el tanque de gasolina cosa que logré casi llegando a Morelos, ¡llegamos con el suspiro del borracho!

Posteriormente, cuando veníamos de retorno, para llegar a San Juan Del Río, había en el camino, una estaca y no

pude esquivarla, la prendí con la llanta delantera izquierda
y con la trasera, mi padre que venía dormido, al escuchar
el golpe, se despertó asustado y mi familia en igualdad de
circunstancias, en ese momento pasaron por mi mente miles
de cosas, pero afortunadamente, el coche no tuvo mayor
problema y pude controlarlo con las 2 llantas ponchadas
para orillarme y detener la marcha sin problemas mayores;
después de esto, caminé para encontrar una vulcanizadora y
una llanta se pudo reparar y con la de refacción, llegamos a
León con bien.

También recuerdo una ocasión que fuí a visitar a la tenería
Kodiak, ofreciendo los productos, el encargado de la
producción, me dijo que si quería que probara el producto,
debía ir a media noche para checarlo, cosa que hice, y
cuando llegué, esta persona no se encontraba, me atendió el
encargado de la noche y checamos el resultado; a la mañana
siguiente, cuando me recibió el técnico de la mañana, me
pidió una disculpa ya que no pensó que iría, debido a que
todos los técnicos lo dejaban para el día siguiente. A partir
de ese momento, iniciamos una relación cliente-proveedor
muy buena.

Una cosa semejante me sucedió con Cosmos, hicimos una
prueba y se debía checar a las 5 de la mañana, fue grande
la sorpresa cuando me vieron llegar para hacer el chequeo,
todos se quedaron sorprendidos, debido a esa forma de
trabajar, creo que he avanzado en el camino y he ganado
confianza de parte de los clientes.

Los 3 años que trabajé en Impulsora Química fueron de
mucho trabajo, mucho aprendizaje, muchas relaciones
sociales y esto me dió una plataforma para dar un mejor
servicio y atención a los clientes; pero si creen ustedes que
no hubo una factura por pagar, ¡ajá, se equivocan!, fueron 3
años de salir temprano en la mañana y regresar muy tarde,
cuando llegaba la gente del extranjero, los fines de semana
había que llevarlos de paseo y esto ocasionaba, por lógica, el
ver y convivir poco con la familia.

Durante el proceso de entrenamiento, recuerdo cuando me enviaron a una conferencia impartida por el Sr. Alex Day, fue algo muy motivante, pero, en lo personal, también me dejó una huella profunda, ya que por la tarde, después de la comida, regresé a mi lugar en la conferencia y estaban escritas en la pizarra unas letras en forma de fórmula y decían así: M=ET.

Traté de descifrar el significado de ellas, y por más que lo intentaba, no lo logré, al momento en que se presentó el Sr. Alex, nos dijo: esta fórmula que ven en el rotafolio, es la clave para lograr todas las metas que se propongan en su vida, en seguida, nos mencionó que en nuestros asientos habían colocado dólares, con la soberbia que me dominaba, pensé que no era cierto, pero de pronto, comenzaron a surgir por todo el salón gritos de alegría al comprobar que era cierto, ¡quiero que sepan la desolación y la vergüenza que me embargan aún ahora que han pasado tantos años!, ya que por no checar mi lugar, nunca supe si había algo en mi asiento; en ese momento el Sr. Alex nos explicó el significado de las letras de la fórmula: **Mover El Trasero**.

Bueno, siendo menos negativo, aprendí la lección que me dieron por partida doble, debido a que por un lado me juré que en lo sucesivo checaría todo lo que me pidieran y no tendría vergüenza de hacerlo, aunque fuera a destiempo.

Pero, bueno valió la pena, viajé por primera vez en avión, cosa que les comento de paso, se me dió debido a que recién desempacado en Impulsora Química, se llevaría a cabo un simposium de curtiduría en Manzanillo y Johnny se enfermó de meningitis; cuando esto sucedió, pensé que en su lugar iría Carlos, pero ¿qué creen? ¡Ah que susto! me mandaron en representación de la empresa para llevar a cabo el evento, como pueden observar, fué algo nuevo para mí por todas las razones que se puedan imaginar, nuevo en la empresa, la gente del extranjero que no conocía, los dueños de las empresas representadas, sus esposas, no dominando el inglés, no conociendo todos los productos, nunca antes haber viajado en avión, solo y mi alma, ¡bueno, para que les platico el cuadrito!

Para comenzar, mi familia se fué para el D. F., le pregunté a la esposa de Johnny todo lo referente al viaje en avión, ya que ella había sido aeromoza y me dió los pormenores de no pedir ventanilla si tenía miedo a las alturas, seguir las instrucciones que me dieran en el avión, etc. etc. etc. pero ¿qué creen? las 2 noches anteriores al viaje, fueron de sueño de terror, los nervios estaban de punta y los alimentos como que no pasaban muy bien, pero como dice el dicho: no hay tiempo que no se llegue ni plazo que no se cumpla y el mío llegó, me llevaron al aeropuerto con una maleta más pesada que un mal matrimonio con la cual, pensé que me cobrarían las perlas de la virgen, cosa que no sucedió, afortunadamente; después en el mostrador, la chica que me atendió, me pregunta si deseo ventanilla o pasillo y ¿qué creen? ya saben la respuesta, por los nervios, le contesto que como guste; al subir al avión, ¡OH sorpresa! que me lleva la aeromoza a mi lugar y era en la ventanilla junto a 2 hermosas mujeres.

Quiero que sepan lo que vino a continuación, esperaba escuchar el encendido de los motores, cosa que nunca se dio, el cerrar las puertas, cosa que tampoco se llevó a cabo, en un momento que voltee para ver el ala del avión, ¡cosa más grande caballero! el armatoste se estaba moviendo, ¡OH que susto! ví con horror que venía a continuación lo que Elena me había predicho: lo más difícil es el despegue y luego el aterrizaje, pues lo viví, cuando se paró en la pista, ¡uf a temblar! y que empieza a correr como bólido para despegar, cuando dejó la pista, les juro sentí que allí se había quedado mi cuerpo, pero todo toma su curso, y aquí no hubo excepción, me pasó lo mismo, conforme pasaba el tiempo, me fui adaptando al vuelo, hasta que lo asimilé y esperaba la segunda lección, el aterrizaje.

En el momento que el avión pasó encima del mar, todo fué vida y dulzura, la vista era increíble, como daba el giro para tomar la pista, pero en ese momento, al iniciar el descenso, sentí que el estómago se quedaba en el aire y al tomar la pista, que brinca y ¡hay Dios, que feo se siente!, pero bueno, la enseñanza valió la pena y estábamos al fin en tierra firme.

Todo el evento se llevó a cabo como se había planeado, pero mis nervios estaban al borde del colapso, ya que de golpe y porrazo, viajé por primera vez en avión, conocí a los dueños de las empresas que representábamos, a sus esposas, llevé a cabo la secuencia del evento que nos tocó patrocinar, en fin, un sin número de cosas que se juntaron pero al final, valió la pena.

Durante mi estancia en la playa, tuve el gusto de encontrarme con un cliente que visitaba cuando colaboraba para Materias Primas, el Sr. Cruz Ruíz, esto me ayudó para no sentirme tan solo sin mi familia durante el evento, ya que él viajó con la suya y nos acompañábamos en los espacios de recreo y pasábamos buenos momentos juntos. El retorno se llevó a cabo sin incidentes particulares, debido a que ya conocía la rutina, y por ello, todo salió bien.

Recuerdo, de una manera muy especial el último evento del simposium, debido a que fue una misa, y estuve junto con mi padre (Leo) y su esposa Valerie.

Al siguiente año, me mandaron con mi familia al simposium en Oaxaca, cosa que fué distinta, ya que tenía la experiencia de haber volado antes, pero lo más importante, estaba con mis seres queridos y significaba mucho para mí.

Quiero comentarles, que la segunda ocasión cuando viajé en avión, se llevó a cabo en la compañía de Johnny, ya que visitamos a los clientes que teníamos en la Ciudad de Monterrey.

Para empezar, el avión era como un pajarito con 2 motores de hélices, tan pequeño en el interior, que me vi obligado a agacharme al entrar (por primera vez me sentí alto, ja ja ja), pero lo peor se suscitó al regreso, ya que toda la ruta estuvo acompañada de una lluvia pertinaz que nos acompañó hasta llegar a León, recuerdo como Johnny venía, como decimos en el D. F., ¡agarrado a 20 uñas!, fue una experiencia muy curiosa debido a su amplia experiencia en los vuelos.

El trabajar para esta empresa valió la pena, viajé por primera vez en avión, conocí playas, conocí gente del otro ramo del curtido: el del cromo, ya que el primer año, solamente atendí tenerías que fabricaban suela, también conocí el mundo de las ferias, debido a que por primera vez, estuve presente en A.N.P.I.C.

No se imaginan lo que significó para mi carrera el haber participado en dichos eventos, es algo, que hasta la fecha, me ha ayudado enormemente por haber conocido muchísimas personas que han influido en mi destino.

Al tener contacto con fabricantes de cuero curtido al cromo, ¡que sorpresa! me mandaron al D. F. a trabajar con tenerías, que viviendo allá, nunca supe su existencia ¡que ironías tiene la vida!, pero como decimos siempre, todo en la vida inicia y acaba, y mi relación con Impulsora había llegado a su fin.

En este momento, ya contaba con otro integrante en mi familia mi adorado hijo José Rogelio, una bendición más que dios me dio.

Al dejar Impulsora Química, tuve contacto con Carlos Del Castillo, y me ofreció colaborar con él vendiendo material de papelería, cosa que empezamos a hacer, pero al ver que era demasiado trabajo, su esposa nos comentó que nos dedicáramos a otra actividad.

Carlos se asoció con personas que vendían material para construcción y me invitó a colaborar con él, como había adquirido un vehículo, se me facilitó el movimiento, pero, las cuestiones económicas se irían al piso o más abajo, ya que mi zona era foránea y por lógica, las comisiones no cubrían mis gastos.

Trabajamos juntos por espacio de 4 meses, pero lamentablemente, nos vimos obligados a decirnos adiós, con esta situación y el fin de año encima, me ofrecieron colaborar con Química Arlett, pero sería para comenzar el año siguiente.

Capítulo No. II

Bendito el cambio para Química Arlett

Después de 3 años de trabajar para Impulsora Química, llegó el momento de la separación, al no poder continuar con la relación laboral, el gerente y yo, decidimos de común acuerdo, que era mejor y más sano separarnos y cada uno continuar su camino.

Para ese momento de mi vida, Dios me había bendecido con la llegada de mi último tesoro, mi hijo José Rogelio, de hecho el saber que Linda estaba embarazada, fue algo inesperado, ya que un domingo que estábamos comiendo, se sintió mal y fuimos al hospital creyendo que era un problema de riñón, pero para nuestra buena fortuna, ¡el riñón salió chillón! como dijo el doctor.

Vaya, vaya, que caminos tan extraños nos presenta la vida en ocasiones; al momento de salirme de Impulsora, me ofrecen cubrir una vacante en Química Arlett y ¡oh sorpresa, que cambio tan radical y tan favorable! Después de haber trabajado en Materias Primas y en Impulsora Química, con materiales de importación, voy a trabajar con un fabricante nacional y local.

¡Señoras y señores, a gozar de la vida con el nuevo reto! Al cambiarme de empresa para Química Arlett, sentí dos grandes diferencias en mi trabajo: el poco interés del cliente por producto fabricado en León (o en México) y la falta de publicidad hacia el cliente de dicho producto.

Como se podrán imaginar, el cambio resultó muy abrupto en el principio, pero poco a poco, las cosas se fueron acomodando, de tal suerte, que el Lic. Víctor Manuel me llamó para preguntarme si mi estancia en la empresa seria larga, a lo que le respondí afirmativamente, y esto dio origen a que se volviera dueño único de la misma, cosa que me favoreció mucho.

Los 3 años que colaboré en esta empresa, fueron de una lucha muy enérgica para demostrar a la clientela, que los productos elaborados aquí, con materia prima nacional e internacional, satisfacían al consumidor en condiciones óptimas, de acuerdo a sus requerimientos; esto lo demostramos llevando a los clientes a la fábrica para que conocieran nuestras instalaciones, en las cuales, podían ver los reactores que teníamos para la fabricación de los aceites, cosa dicha de paso, fue muy importante para mi conocimiento, ya que como de costumbre, pude aprender de atrás para adelante, como se elaboraban los productos que por espacio de 3 años había vendido en Impulsora Química.

Como anécdota, recuerdo la primera vez que mi patrón (el Lic. Víctor Manuel Torres Frausto) y yo visitamos al Sr. Francisco Obregón (dueño de Curtidos Bengala, una de las mejores tenerías locales), al recibirnos, nos dijo: los recibo por sus nombres, más por su marca y sus productos, ya veremos; esta expresión nos dejó atónitos, pero ¡ups!, como nos impulsó para demostrar que nuestra empresa era capaz de llegar a ser un proveedor confiable y vaya que lo demostramos con creces.

El lapso de tiempo invertido en Arlett, sirvió para cambiarle el nombre a la empresa y a los productos, logrando con esto, la aceptación por parte de la clientela, a tal grado, que después de varios años, aún ahora, en Curtidos Bengala, siguen consumiendo material de American Oil (nombre con el que se conocen desde entonces los productos).

Toda la lucha, toda la inversión de tiempo, iban muy bien, a tal grado que penetramos en mercados que antes solamente accesaban las casas comerciales con productos importados; aquí tuve la fortuna de asistir 2 veces a los simposiums de curtiduría en diferentes playas, se me encomendó la tarea de seguir visitando a los cliente que atendía en la otra empresa, cosa que en principio fue difícil, ya que estaban acostumbrados a los otros productos y no confiaban en la uniformidad de calidad de nuestra marca; pero al recomendar y hacer los desarrollos con nuestra líneas, comenzaron a tener confianza y obtener buenos resultados, cosa que nos ayudó sobre manera.

También estuvimos presentes en A.N.P.I.C. y esto nos dio una imagen muy diferente de lo que la gente pensaba de la compañía, aquí le pedí a mi amigo Lupe Sánchez, que me hiciera el favor de valorar nuestros productos, llevando a cabo los desarrollos presentados durante el evento; recuerdo su expresión al entregarme los mismos, y comentar lo siguiente: no imaginaba que la línea de productos era tan buena.

A raíz de esta experiencia, tomamos mucha confianza en lo que producía la empresa y comercializaba yo, debido al éxito que tuvimos en el primer A.N.P.I.C.

Al paso de unos meses de trabajo, era para mí muy necesario el apoyo de un técnico, y por fortuna, mi patrón me dio autorización para contratarlo; como conocía una persona que estaba sin trabajo, lo localicé y comenzó a trabajar conmigo.

Héctor inició sus labores en la empresa capacitándose bajo mi cargo y supervisión; viene a mi memoria una anécdota que surgió el primer día que salimos para trabajar, resulta que a media mañana, me dice: Luis te puedo hacer una pregunta a lo que le respondo, claro que sí, en ese momento me lanza la bomba diciendo lo siguiente: defínete en pocas palabras, acto seguido, sin reparar le contesto: soy un hijo de todas todas, pero de repente, me comenta, no, en serio, defínete en pocas palabras, ya se imaginan, me callé por un momento y no supe que contestar; era algo nuevo para mí, nunca alguien me había preguntado esto tan seriamente y por lo consiguiente, no se conformaría con cualquier respuesta; acto seguido, le pedí que me diera tiempo para contestarle.

Seguimos con las visitas y para llegar a la última, antes de la comida, le dije: ya tengo la respuesta a tu pregunta, me pide contéstala, entonces le expreso la siguiente definición: **soy el resultado de las experiencias de muchas personas más las mías propias**, al escuchar la respuesta, hace un largo silencio y me pide lo repita, cosa que llevo a cabo y entonces me sugiere, lo platicamos después de la comida.

Cuando fui por Héctor después de comer, la primera inquietud que me comentó fue: me repites la definición que me diste, por favor, y claro que repetí lo antes mencionado, en el momento que terminé de hablar, me dijo: Luis, entiendo al referirte a las experiencias de muchas gentes que son las enseñanzas recibidas de la gente, pero no me queda claro el hecho de las mías propias, en ese momento le hago notar lo siguiente, creo que todos los seres humanos tenemos experiencias que solamente hemos vivido cada uno y es difícil que se repitan en los demás, por esa razón expreso así mi definición.

Pasado algún tiempo, quedamos en vernos en Plaza Mayor, y cuando esperaba la llegada de Héctor, saludé a un conocido, pero que era amigo de él, me comentó que había escuchado algo raro pero no se acordaba muy bien como iba con las palabras, entonces le sugerí que me hiciera referencia a lo que recordara y me dijo es algo referente a las experiencias, algo bien fumado, en ese momento se acercaba Héctor, y solté tremenda carcajada, cosa que desconcertó a esta persona, acto seguido cuando estábamos los 3 reunidos, le pregunté a Héctor si recordaba la pregunta que me hizo el primer día

de su trabajo conmigo, a lo que respondió afirmativamente
y luego relató la experiencia, el amigo de Héctor ponía cara
de extrañeza cada vez que oía el relato hasta que me dijo,
méndigo enano no pensé que fueras capaz de hacer algo así;
nos despedimos y durante el café sonreímos por lo curioso
de la situación.

Durante mi estancia en American Oil, se cumplieron muchos
sueños que no realicé en las otras empresas, los viernes por la
noche jugábamos boliche el contador de la empresa y yo, los
fines de semana solía salir a pasear con mi familia y otras cosas
más, aquí me sentía tan bien que cuando alguna persona me
saludaba, contestaba de la siguiente manera: **me siento de
lujo y de primera,** (expresión que me ha acompañado por
espacio de 15 años de mi vida).

Entonces se separó de la empresa Héctor y contrataron a
Leobardo, un técnico que estuvo trabajando en una tenería
que yo conocía, al principio las cosas iban bien, pero al paso
del tiempo, hubo cambios y la situación se volvió muy tirante
entre los dos. Para este momento, conocí a un curtidor que
fabricaba forro de puerco y me propuso que colaborara
con él en ventas y me aseguró un futuro lleno de ganancias,
increíble, siendo su gerente de ventas, y al paso del tiempo,
ser socio, ¡oh desilusión!, otra vez a cometer el mismo error,
como lo dice el título, lo difícil de una decisión es decidirse
y las consecuencias que ello conlleva.

Ya se imaginarán ustedes el alboroto que hubo en mi cabeza,
sentí que el mundo era poca cosa, que me lo comía a puños,
y por lo mismo, presenté mi renuncia en American Oil,
cuando todo era excelente, las ventas iban en ascenso, las
comisiones llegaban cada mes, pero hubo algo que sentía no
iba a conseguir: no pasar de ser un vendedor solamente.

Ahora entenderán porque decía anteriormente que es
muy difícil tomar decisiones sin equivocarse en el camino
y nuevamente les digo: ¡hay que escarmentar en cabeza
ajena!

Mi cambio de giro de los productos químicos a la venta del forro de puerco, fue muy difícil, ya que la clientela y el producto, eran para mí, algo completamente nuevo; inmediatamente sentí un desbalance total en mi seguridad, en mi capacidad, en todo mi actuar, pero sin embargo, decidí prepararme y salir adelante (ja ja ja pobre iluso).

Recuerdo que al despedirme del Lic. Víctor Manuel, me comentó que solamente me deseaba para mi futuro **que mis dichos me acompañaran siempre:** voy de mano en la fila, hay cosas en la vida que son lógicas pero no son disculpables y por último, alguien va a tener la culpa y ese nunca voy a ser yo, se lo agradecí y me despedí con una sensación un poco extraña en mi interior.

Quien me lo iba a decir, que esa sensación rara, al paso de los años se convertiría en mi debacle y por consiguiente, en una de mis más amargas lecciones en todos los ámbitos.

CAPÍTULO No. III

La Estrepitosa Caída

En el momento del cambio, no hubo un verdadero amigo que me abriera los ojos, me regañara, me aconsejara o cuando menos, me hiciera ver mi error, solamente encontré gente, que si veía mi caída, nunca tuvo el valor de hacérmelo entender.

Pero vamos por pasos: al comenzar a trabajar en Hampshire, todo cambió, todo giró y todo lo nuevo me desconcertó, inicié una ruta desconocida para mí, pero tenía fe e ilusión en el resultado final favorable ¡oh, oh, nunca lo encontré!, con toda honradez la verdad sea dicha, fue todo lo contrario, desgraciadamente para mí (y muy lastimosamente para mi familia), los frutos del cambio nunca llegaron; los primeros meses aquí, me hicieron ver mi error, pero me sucedió algo que nunca había experimentado como vendedor: el temor, el miedo, el terror, el pavor y debido a ellos, llegó la frustración, el mundo creció desmesuradamente y en igual proporción, decrecí.

Aunado a esto, no solamente me equivoqué en el cambio, lo peor, fue que permanecí 4 años en este lugar aguantando humillaciones y malos tratos, vendiendo todo el material de mala selección a un precio estratosférico y como consecuencia, perdí la clientela, perdí comisiones y lo principal, perdí la confianza en mi capacidad.

Pero permítanme explicarles como transcurrieron estos 4 años.

Al principio, las cosas se disfrazaron de tal manera, que no veía la viga en mis ojos, la ilusión de progresar en mi nuevo trabajo, no me permitía darme cuenta del error tan grande que había cometido, imagínense lo grave de mi decisión, cambié para ganar menos sueldo, menos comisiones, menos de todo, salvo, darle a ganar a mi nuevo patrón, sin ganar yo.

El primer año transcurrió con la compañía de un vendedor, que gracias a su salida de la empresa, me ayudó para tener sus clientes y vislumbrar alguna mejoría en mi ingreso; con esta situación, el segundo año, para la semana santa, me mandaron de vacaciones a la playa con mi familia prometiendo que sería así cada año, ¡como no, créetela chucha!, promesas sin cumplir, como lo dice el dicho: el prometer no empobrece, el dar es lo que aniquila, y es cierto, nunca jamás volvimos a tener una salida de vacaciones.

El tercer año fue más difícil, debido a que contrataron a una persona que hacía las funciones de administración, la cual, era bastante especial inclusive con los clientes, unido esto a la peor selección del cuero, aumentaron los problemas.

Recuerdo en un evento de A.N.P.I.C., mostramos un artículo que le gustó mucho a un cliente del D, F., por lo cual trasladó parte de su fábrica a León, pero, cuando las cosas no se hacen de la manera apropiada, tarde que temprano, salen de la jodida y no fue la excepción, material que se le mandaba no era ni por mucho, parecido a lo expuesto durante el evento, las cosas llegaron a tal grado, que en la siguiente exposición, el cliente llegó sumamente molesto y le dijo al dueño que lo que mostraba, no era lo que enviaba, cosa que era la verdad, debido a que nunca se cumplió con lo pactado, se imaginan ustedes, nunca cumplir un trato comercial, y luego queremos competir con el mercado internacional ¡ilusos!.

Pero si creen que esto iba mal, faltaba la cereza en el pastel, en el cuarto año de mi estancia aquí, se contrató a una persona para ventas que nunca asumió su papel en la empresa, y por lo contrario, cada día se sentía un ambiente más tenso, dado que administración y ventas, se unían y todos los problemas eran ocasionados por los demás, nunca por ellos.

Todo este cuadro era tan pesado para mí y no encontraba la solución, cuando preguntaba por qué, mi única respuesta era: por tomar la decisión equivocada, hasta que un buen día, me dí cuenta que era el amo de las tarugadas y la nueva superaba con creces a la anterior, pero todo en la vida tiene una compensación y por fortuna, encontré, a mi expatrón y me ofreció empleo nuevamente, ¡cosa que se imaginarán, me cayó del cielo, colaborar otra vez para American Oil, era como un sueño hecho realidad!.

Ni tardo ni perezoso, me regresé con él, pero para mi desgracia, el mercado había cambiado 180°, todo lo que dejé al renunciar, eran para mí solo recuerdos.

Trabajamos juntos un año, pero dolorosamente para mí, nunca pude levantar el vuelo como la vez anterior, debido a esto, me separé de la empresa y empezó un penar por no conseguir un empleo fijo, durante 5 años traté de trabajar con gente que fabricaba cuero acabado, forro de puerco o productos químicos, pero no me fue posible acomodar con alguno de ellos, principalmente, porque al momento de pagarme mis comisiones, debía buscar a las personas y siempre existía un pretexto para no pagármelas en el momento debido.

Recuerdo una ocasión en la cual llevaba el dinero del pago del material en efectivo, y al pedir mi comisión, me dijeron que no tenían para pagarme, ¡ya se imaginan lo que sentí!, en otra ocasión, para fin de año, sucedió algo parecido, solamente que no se acordaron de mis comisiones.

Sin embargo, debo decirles que hay un ser superior que no nos desampara, y lo viví en carne propia, debido a unos amigos que fabricaban forro de puerco, ellos fueron mis clientes durante mi estancia en Impulsora y después en

American Oil, son padre e hijo sus nombres: el Sr. José Luis Sandoval y el Sr. Martín Sandoval; ellos significaron para mí una ayuda muy apreciada, por la situación siguiente, en mi desesperanza, un día encontré al Sr. José Luis en la calle y al referirle mi precaria situación tanto económica como moral, me ofreció que les ayudara en la venta del forro, ya que ellos estaban creciendo y no podían atacar el mercado en forma completa, ¡se imaginan el gusto que esto causó en mi interior, si damas y caballeros, fue algo emocionante, algo inesperado, algo para dar gracias a ese ser superior!, pero no es toda la bendición, un día, llegó Martín y me regaló algo que hasta la fecha me acompaña, no se imaginan el regalo tan grande que me hizo, esto es una reflexión que se llama: **El Mensaje de Jesús,** cuando llegó me dijo: Luis te voy a dar algo que vino a mis manos en la temporada más mala que he tenido, espero que te ayude como lo ha hecho conmigo.

¡Uf, uf y más uf! en el momento que lo comencé a leer, quiero que sepan, se abrió en mi interior un hueco tan grande que no sabía como lo iba a cerrar, conforme fui avanzando en la lectura, obró en mí una magia tan grande, que mi corazón dio rienda suelta a todas las emociones que tenía guardadas y salieron en estampida una serie de sentimientos encontrados que no pude más que llorar como un niño; cuando terminé, me sentí tan pleno, porque encontré algo que hacía mucho tiempo había perdido, la confianza en mi, las ganas de volver a luchar, el sentido a mi vida, el camino para seguir adelante y muchas cosas hermosas más (gracias Martín).

Aunque trabajamos algún tiempo juntos, lamentablemente para mí, los ingresos no eran lo suficientemente buenos para mantener a mi familia y por ello, nos separamos.

Durante este lapso, la persona más importante para mí fue mi esposa, porque de no haber sido por ella, no sé que hubiera hecho (Linda te lo agradezco desde el fondo mi corazón).

Llegó a tal grado la desesperación que sentía, que por mi mente apareció la idea de volver al D. F., pero Dios es grande y conocí a una persona que me dio la oportunidad y por ello me devolvió la confianza en mí y comenzamos a trabajar juntos en la venta del forro de puerco, su nombre: el Sr. Fernando Padilla, gracias a él, volví a encontrar el camino, me reintegré a la confianza en mí y a las ganas de trabajar.

En estos momentos, me vi en la necesidad de acudir a mis amigos inseparables, me arrepiento de haberlos dejado en el olvido por culpa de mi depresión, me refiero a mis libros, al hacer esto, las cosas cambiaron favorablemente, toda la inquietud se fue, la paz comenzó a fluir dentro y fuera de mí, pero, sabrán ustedes que el cambio a favor no es tan rápido como el que va en contra; recuerdo que por esas fechas mi hijo José Rogelio iba a hacer su primera comunión y no tenía dinero para el evento, entonces, al buscar a un padrino, mi hijo eligió al que ahora es mi compadre, si lo recuerdan, su nombre es Luis Maldonado, ¡sí señoras y señores, que vueltas da la vida!, el primer técnico que tuve bajo mi mando, se convirtió en parte de mis seres queridos.

Recuerdo, como anécdota, cuando nos dieron las pláticas antes del evento, no asistió a las dos primeras, pero como cosa especial, la tercera, a la que si pudo asistir, fue algo sobre natural, la persona que daba las conferencias, nos motivó de tal manera, que salimos con el espíritu tan renovado y tan lleno, que las cosas se fueron dando de manera muy diferente a lo mal que estaban hasta ese momento.

El día de la primera comunión fue algo especial, mi hijo se llevó una sorpresa tan grande al ver que tenía padrino y madrina, cosa que pocos niños lo tienen, ese día será inolvidable.

Volviendo a mi trabajo con Fernando, para desempeñar mi labor, me apoyó con la compra de una motoneta nueva, y con ella, recorría León para promocionar nuestro forro, ¡y a que no adivinan! la magia comenzó a funcionar nuevamente, logré reactivar clientes que visitaba en Hampshire y todo cambió en mi favor.

Lo más importante que viví aquí, fue el hecho de hacer nuevos clientes con una nueva perspectiva, una nueva manera de trabajar, una forma diferente de atacar a la clientela, un apoyo que no tuve al final en Hampshire, la selección del cuero que antes me daban y que por esto, me ayudó mucho para lograr mis metas.

En esta época, tuve la fortuna de conocer una clientela muy importante para mí, ya que me dieron un apoyo incondicional y por lo tanto, pude comenzar a lograr objetivos que antes había perdido, gente cuya confianza me motivó para salir adelante en mis proyectos de ventas en una manera muy diferente a lo que conocí antes; vaya mi agradecimiento a las personas de las empresas como Piero, Dogi, Gama, Mickey, Flexi, Color Inn, Blasito, Anbada, Del Paso, Botas San Miguel, Medikuz, Autentico, Peco, Mirruña, Verde Amarelo, Tropicana, Piel y Madera y a las que me falten en la memoria (gracias de todo corazón por su apoyo).

Transcurrió muy rápidamente el tiempo colaborando con Fernando y las cosas parecía que cada día iban mejores, pero para mi desgracia, no fue así, lamentablemente, tenía un familiar en la empresa que no observaba las cosas igual que nosotros, y esta situación se volvió muy desgastante, a tal grado que empezó a meterse con mis mejores clientes y ya sabrán lo que vino como consecuencia, a cargar de nuevo el cielo, las estrellas y todo lo demás; así estuvimos por espacio de medio año, hasta que un día, me localizaron de una empresa de productos químicos y cambié el giro a lo que considero mi campo de acción y me contrataron en la empresa Qurtec; aquí trabajé con un gran amigo el Sr. Lupe Sánchez (cuando trabajé para Impulsora Química, era técnico de una tenería); ahora éramos compañeros por primera vez. Esto fue para mí la continuación en mi aprendizaje como técnico en curtición y resultó bastante provechoso.

Mi estancia en Qurtec hizo que retomara la relación con muchos de los clientes que hacía bastante tiempo no visitaba,

esto se convirtió en algo importante, ya que regresaba a la
línea de trabajo que sentía era para mí, la ideal.

Aquí debo mencionar la lección tan grande que me dio uno
de mis clientes, el Sr. Javier Hernández, a él le debo haber
retomado el camino de las ventas en la forma adecuada, sí
apreciados lectores, a continuación les explicaré como se
llevó a cabo esto.

En el momento que ingresé a Qurtec, lo primero que me
fijé en la mente, fue visitar el mayor número de clientes
posibles, al hacerlo, contacté con el Sr. Javier, en la primera
entrevista que tuvimos, me comentó que me sentía muy bajo
del potencial y el positivismo que inyectaba a los clientes, al
pedirle que me explicara su observación, me dejó frío con el
comentario, tajantemente, salieron de su boca las siguientes
palabras: me da coraje que me visite con la actitud que lleva
encima, se le ve derrotado, fastidiado, negativo, en fin todo
lo malo viene con usted, le pido que en lo sucesivo, cuando
me visite, cambie su manera de actuar a como era antes,
esto significa, no ser soberbio, sino humilde pero positivo;
al escuchar esto, abrí de tal manera los ojos, que no supe
en el instante como reaccionar, ante tal cosa, retomó la
explicación y para terminar, me prestó un libro para que me
hiciera eco en la cabezota de burro que cargaba y le sacara el
mejor provecho posible.

Quiero que sepan, que mi vida dio un giro muy especial, todo
comenzó a mejorar en forma rápida y favorable, las visitas
que hacía, eran tomadas por los clientes en manera directa
y por ende, se dieron cosas muy buenas (como en páginas
anteriores, digo lo siguiente, vaya para él mi agradecimiento
por su paciencia y por su ayuda).

El inicio de mi labor aquí, fue algo fácil, ya que mi encomienda
era trabajar a la par con Lupe para conocer nuestros
productos, y por ello, la situación se me dio rápidamente; en
poco tiempo, logré dominar los productos y pude tener la

confianza en mí como para hacer desarrollos y demostrar las bondades de los mismos.

Recuerdo que en un principio, trabajaba con mi motoneta llevando a cabo mis visitas, era algo divertido, ya que era el único que lo hacía de esta manera, pero al poco tiempo, me cambiaron la motoneta por un auto y las cosas se dieron de una forma distinta.

El tener el auto, me facilitó de tal manera las visitas, cosa que se vio reflejada en mis resultados, podía contactarme con más clientes con más facilidad y rapidez, esta cuestión nos ayudó sobre manera a Lupe y a mí, ya que dábamos un servicio eficiente y a la medida que los clientes nos pedían.

Aquí volví a visitar a mis inseparables amigos y consejeros, mis compañeros libros, cada vez que los leía, me llenaban de cosas positivas, algo nuevo aparecía delante de mi camino como una luz, me daban fuerzas para seguir adelante en la ardua labor diaria (algo que si he aprendido y afianzado de la lectura de mis fieles compañeros, es el hecho de nunca darme por vencido por difícil que parezca cualquier situación, ya que todo en la vida es por algo y uno debe aprender a entenderlo).

Logré poco a poco irme colocando nuevamente en el medio curtidor y hacer una nueva carrera, en algo tan diferente a lo que viví cuando estuve en American Oil; y ¡vaya que si era diferente! el mercado se contraía día con día, de una manera poco esperada, poco predecible, poco menos que imposible de preveer.

Sin embargo, y ante estas cosas fuera de control, logramos hacer un buen equipo de trabajo Lupe y yo, y pudimos demostrar a los clientes, que los productos elaborados en México, compiten con cualquiera del mundo, en calidad y precio; esto funcionaba bien y nos daba buenos resultados.

Aquí estuve por espacio de 9 meses hasta que un día el encanto se rompió y me dieron las gracias, ¡ya se imaginan la sorpresa que me llevé!, cuando todo iba bien, a cargar otra vez con el cielo, las estrellas y todo lo demás.

Capitulo No. IV

La Nueva era

Durante 5 semanas, estuve buscando trabajo, lo bueno de esta situación, fue que hubo un evento de A.N.P,I.C., y logré contactar con la empresa Codymex, (por medio de mi superior el Ing. Javier Portillo), misma que me abrió sus puertas y colaboro con ella desde hace 4 años a la fecha.

Los primeros 9 meses de mi estancia aquí, fueron de una capacitación permanente, cosa que me ha ayudado en una forma muy importante en mi desempeño, me vi obligado a reeducarme en mi manera de atender a los clientes, cosa que ha sido determinante en mi logro de resultados.

Recuerdo que la primera mañana que estuve en la empresa, el dueño, el Ing. Carlomagno, me motivó muy fuertemente, diciéndome que esperaba muchas cosas positivas de mí en la misma.

Al iniciar mi carrera aquí, vino un cambio muy drástico debido a que me vi en la obligación de dejar a mi hijo prácticamente solo, y como comprenderán, era parte del pago de la factura que cubriría los gastos de toda la bola de tarugadas que había hecho en los tiempos pasados.

Creo que esto ayudó a la maduración de José y lo tomó de la manera más calmada, diciéndome que no me preocupara, ya que él sabía que obtendría el trabajo y por ello, debía estar todo el día en la empresa.

Al comenzar a trabajar aquí, me enteré que colaboraban en la empresa, 2 personas que conocía desde mucho tiempo atrás: uno era un técnico que trabajaba con mi amigo Lupe se llama Arturo y el otro, un compañero que tuve en Hampshire, se llama Roberto, que se encarga del laboratorio.

La presencia de ellos, me ha ayudado en el aprendizaje de los productos, en mi capacitación, en mi formación, en fin, en mi carrera en Codymex.

En estos 9 meses, aprendí a trabajar con anilinas, cosa que para mí era nueva, ya que en las otras empresas, no las manejaba, esta situación, abrió un camino muy amplio para mí, debido a que son muy usadas en el proceso del cuero.

Cuando iba a finalizar mi primer año en la empresa, me comentó Arturo que se retiraba de la misma, esto hizo que las cosas se precipitaran y por lo consiguiente, me enviaron a atender a los clientes, antes de lo acordado.

La sorpresa fue muy impactante, ya que por consecuencia, iba a poner en práctica lo aprendido durante mi capacitación; el Ing. Javier me comentó que esperaba todo mi esfuerzo y toda mi voluntad para lograr dar los mejores resultados en el menor tiempo posible.

Al finalizar el año 2006, estábamos en la comida de fin de año y recuerdo que el Ing. Carlomagno me reiteró su confianza depositada en mí, diciéndome que seguía apostando a mi favor, cosa que me revivió el espíritu y las ganas de seguir adelante.

Quiero que sepan que los últimos, años han estado llenos de infinidad de situaciones difíciles para mí, perdí a mis abuelas, a 2 de mis tíos, a mi madre, mis hijos viven en el D. F., mi esposa está en casa de mis suegros por una enfermedad de mi suegra, ¡puf que cansancio! pero, de lo malo siempre se extrae algo bueno, y aquí no es la excepción, he aprendido a reconocer que el ser supremo siempre nos tiene destinado algo mejor, solamente que nuestra naturaleza humana, no nos deja verlo así.

Aquí hay cosas muy buenas, colaboró con nosotros un buen amigo el Sr. Florencio Verdín que me enseñó algo del mundo del acabado y con ello, aprendí a valorar el esfuerzo que se lleva a cabo para fabricar un buen producto, logré después de mucho tiempo, comprar un coche, cosa que antes veía como poco posible, he logrado hacer buenos clientes como el Sr. Eduardo Uribe, que gracias a sus exigencias, me ha obligado a superarme en todos aspectos, también he podido consolidar como cliente a su cuñado el Sr. Fernando Velázquez, al Sr. Carlos Pérez, al Sr. Rogelio Brizuela, el Sr. Alejandro Pimentel, al Sr. Luis Maldonado, al Sr. Francisco Arenas, al Sr. Roberto Contreras, al Sr. Mario Ramírez, al Sr. Martín Barrón, al Sr. Juan Carlos Hernández, al Sr. Héctor Bernal, al Sr. Sergio Flores, al Sr. M. A. Collazo, cosa que no ha sido fácil, ya que el mercado cada día se contrae más y no nos permite volar a la velocidad que antes lo hacíamos, como cuando estaba en Impulsora o en American Oil, pero, con la ayuda de todos mis compañeros, los técnicos europeos que han venido, en especial al Sr. Freddy Sabaté, que me dio muy buenas clases, muy buenos consejos y me sigue apoyando, y a todos los demás clientes que me tienen confianza.

Vaya mi agradecimiento a todas las personas que laboran con mis clientes, ya que me ayudan de alguna manera para desempeñar mi trabajo.

A este capítulo le he llamado la nueva era, debido a que siento en mi interior una nueva fuerza, un nuevo empuje para lograr muchos objetivos que, durante estos cuarenta años, no he logrado; también tengo mucha fe en el futuro, tanto personal como para mi familia, ya que, aunque el camino se vea muy oscuro, siempre habrá una luz al final del túnel, por increíble que parezca, esto se los aseguro porque el ser supremo siempre nos da otra oportunidad para seguir y salir adelante, siempre y cuando asimilemos la lección y seamos humildes para reconocer nuestros errores.

Se los aseguro, que muy tristemente, sin la ayuda de un verdadero amigo, cuando vamos de forma descendente a toda velocidad, nadie nos puede detener, y por ello, sufrimos muchos reveces.

Agradezco a ese ser supremo el hecho de haberme regalado la oportunidad de conocer el secreto, y gracias a el, tomar la fuerza para soñar con un futuro mucho mejor de lo que he vivido hasta hoy, y el haber conocido a mis 4 hijas que son mi adoración al igual que mis hijos y mi hermosa novia.

Bueno ya para terminar, quiero decirles que la escritura del presente libro, no ha sido fácil, ya que es una labor diferente a lo que he hecho durante muchos años, pero deseo desde el fondo de mi corazón, que les ayude, como me han ayudado mis compañeros inseparables; por ello, la intención de escribir este libro, es dejar una huella en las personas que lo lean y recordarles que ante las situaciones mas complicadas, debemos responder que:

NOS SENTIMOS DE DIEZ.